AF221363

So lebt

Chicago

Der perfekte Reiseführer für einen unvergesslichen Aufenthalt in Chicago inkl. Insider-Tipps, Tipps zum Geldsparen und Packliste

Maria Wenzel

Alle Ratschläge in diesem Buch wurden sorgfältig erwogen und geprüft. Eine Garantie kann dennoch nicht übernommen werden. Eine Haftung für jegliche Personen-, Sach- und Vermögensschäden ist daher ausgeschlossen. Die Benutzung dieses Buches und die Umsetzung der darin enthaltenen Informationen erfolgt ausdrücklich auf eigenes Risiko.

✈ INHALT

Das erwartet Sie in diesem Buch

Stellen Sie sich vor, Sie stehen auf einer Brücke, während der Wind Ihnen leicht ins Gesicht weht. Unter Ihnen fährt ein Schiff auf dem Fluss und rechts und links säumen beachtliche Wolkenkratzer Ihren Blick. Wissen Sie schon, von welcher Stadt ich spreche?

Die Stadt hat nicht nur die Chicago Deep Dish Pizza oder den Chicago Hotdog, sondern auch besondere Architektur, zahlreiche Sehenswürdigkeiten und eine Vielfältigkeit an Aktivitäten zu bieten.

Kommen Sie mit auf einen kleinen Rundgang durch Chicago und lernen Sie die bekannten Wahrzeichen und die schönsten Sehenswürdigkeiten auf eine etwas andere Art und Weise kennen.

Wie wäre es zum Beispiel mit einem Besuch auf dem Skydeck des Willis Towers, einer der größten Wolkenkratzer in ganz Amerika, von wo aus Sie einen Blick über eine der schönsten Skylines weltweit genießen können, oder mit einem Spaziergang am Navy Pier, welches Unterhaltung für Groß und Klein bietet?

Kommen Sie mit auf eine kleine Zeitreise in die Geschichte der Stadt und erfahren Sie Wissenswertes über die Entwicklung der Metropole.

Lassen Sie sich von den verschiedensten Aktivitäten in der Windy City inspirieren. Finden Sie mit mir heraus, was typisch für die Menschen in der Metropole ist und was an den Klischees über Amerika wirklich dran ist. Lernen Sie Amerika von einer neuen, anderen Seite kennen.

Wonach auch immer Ihnen der Sinn steht, ich bin davon überzeugt, dass in diesem etwas anderen Reiseführer für jeden Geschmack das Richtige dabei ist.

Warum nach Chicago?

Als ich bei meinem ersten Aufenthalt in Chicago am Navy Pier stand und auf die Skyline blickte, war ich sprachlos. So eine Skyline hatte ich zuvor noch nie gesehen. Was genau die Stadt ausmacht und warum sie so besonders ist, möchte ich Ihnen im Folgenden darstellen.

Falls Sie noch nichts mit der Stadt anfangen können und sich nun fragen, wo diese überhaupt liegt, habe ich hier einmal kurz die Basisinformationen zusammengefasst:

Chicago liegt im Bundesstaat Illinois am südwestlichen Ufer des Lake Michigan. Unter anderem ist die Windy City für ihre Größe bekannt, denn sie gilt als die drittgrößte Stadt in ganz Amerika.

Bereits im Landeanflug auf den Chicago O´Hare International Airport können Sie einen fantastischen Blick auf Chicago und seine Skyline werfen. Hierbei kommt es natürlich immer auf das Wetter und die tatsächliche Flugroute des Flugzeuges an. Doch nicht nur aus der Luft kann die Windy City etwas bieten.

DIE ARCHITEKTUR DER STADT

Chicago. Hier mischen sich die unterschiedlichsten Baustile untereinander und sie ergeben alle zusammen eine Skyline, die als eine der schönsten weltweit gilt.

Kommen Sie mit mir auf einen kleinen Spaziergang durch Downtown Chicago. Die Innenstadt der Windy City ist ebenfalls als „the Loop" bekannt. Den ersten Wolkenkratzer auf der Welt entwarf William Le Baron Jenney im Jahr 1885. Er verwendete eine Stahlrahmenkonstruktion und schuf so ein Gebäude mit zehn Stockwerken. Dieser erste Wolkenkratzer wurde jedoch 1931 abgerissen und durch das La-Salle National Bank Building ersetzt, welches 1934 fertiggestellt wurde.

Auf einer Bootstour über den Chicago River kann die Architektur besonders gut bewundert werden. Durch die besondere Perspektive wirken die Gebäude endlos hoch.

Daniel Burham, Frank Llyod Wright und viele weitere Architekten prägten die Stadt und erschufen sie so, wie wir sie heute kennen.

Viele verschiedene Stil-Epochen sind in der Metropole zu finden, unter anderem zum Beispiel die Romantik oder die Gotik. Natürlich darf auch die Epoche der Moderne nicht fehlen, das beweist der seit 2009 fertiggestellte Trump Tower.

Ältere und neuere Gebäude reihen sich in der Windy City aneinander und ergeben so die einmalige Skyline und einen ganz besonderen Blick auf die Stadt.

DIE VIELFÄLTIGKEIT DER STADT

Chicago hat nicht nur eine beachtliche Anzahl an hohen Gebäuden, sondern bietet auch genügend Platz zum Entspannen, für Kultur und Kunst. Entspannen können Sie zum Beispiel in dem zentral gelegenen Millennium Park. Dort können Sie die Grünflächen inmitten der Innenstadt genießen oder die Sehenswürdigkeiten bewundern, die der Park zu bieten hat. Oder aber Sie gönnen sich eine Auszeit an einem der Strände in Chicago, während Ihnen eine besondere Sicht auf die Skyline der Stadt geboten wird.

Bestaunen Sie die Stadt aus einer etwas anderen Perspektive, während Sie sich auf einem der Schiffe über den Chicago River treiben lassen und dabei eine fantastische Sicht auf die Wolkenkratzer der Stadt genießen.

Beweisen Sie Mut und schauen Sie von dem Skydeck mit Glasfußboden auf die Stadt hinunter, Sie werden quasi über der Stadt schweben.

Während der Fahrt auf dem Riesenrad auf dem Navy Pier können Sie die Stadt aus einer anderen Perspektive erkunden, denn hier wird einem Spaß für Groß und Klein geboten.

Schießen Sie ein Familienfoto der etwas

anderen Art am Cloud Gate oder besuchen Sie ein paar der unzähligen Museen der Stadt.

Auch für genügend Stärkung ist gesorgt: Genießen Sie die Atmosphäre in einem typisch amerikanischen Diner oder probieren Sie die bekannte Chicago Deep Dish Pizza.

Was auch immer Sie in der Stadt erleben wollen, hier ist alles möglich und diesen Urlaub werden Sie so schnell ganz sicher nicht vergessen.

WARUM CHICAGO BESONDERS IST

Nicht nur, weil der erste Wolkenkratzer der Welt hier stand, hat die Stadt ein ganz besonderes Lebensgefühl zu bieten.

Denn sie sorgt bei jedem Besucher für Bauchkribbeln, der dem musikalischen Können vieler Straßenmusikanten lauscht, in der Abendsonne das Spiegeln des orangenen Glänzens in den Fassaden der Wolkenkratzer sieht oder den Tag in einem der Parks mitten in der Stadt ausklingen lässt.

Auf den Straßen der Stadt, in den Geschäften oder in den Restaurants lächeln Ihnen die Menschen zu und erkundigen sich nach Ihrem Wohlbefinden.

Chicago hat also wirklich mehr zu bieten als nur hohe Gebäude, die Deep Dish Pizza oder den Hot Dog nach Chicago Art.

Welche Sehenswürdigkeiten Sie in der Stadt auf jeden Fall sehen müssen und was Sie alles unternehmen können, werde ich Ihnen im Laufe dieses Buches beschreiben.

Die Geschichte der Stadt

Auch wenn Zeitreisen in Wirklichkeit vielleicht nicht möglich sind, können wir sie im Folgenden wenigstens kurz möglich machen.

Tauchen Sie mit ein in die Geschichte der Stadt.

Lassen Sie uns im Jahr 1779 beginnen. Der Unabhängigkeitskrieg ist im vollen Gange und 13 Kolonien in Nordamerika kämpfen für ihre Unabhängigkeit gegen Großbritannien.

Währenddessen baute ein nordamerikanischer

Händler namens Jean Baptiste Point du Sable die erste Siedlung an der Mündung des Chicago Rivers. Du Sable gilt als Gründer der Stadt.

Machen wir jetzt einen kleinen Zeitsprung und schauen uns das Jahr 1830 sowie die darauffolgenden Jahre etwas genauer an.

1830 wurde das Land verkauft, um den Bau des Illinois and Michigan Canal zu finanzieren. Dieser Kanal stellte die Verbindung zwischen Chicago und dem Fluss Mississippi dar. Da der Kanal von Illinois und Michigan die großen Seen mit dem Mississippi und dem Golf von Mexico verband, sorgte er unter anderem dafür, dass Chicago der Verkehrsknotenpunkt der Vereinigten Staaten wurde. Von hier aus wurde das ganze Land mit Rohstoffen und Waren versorgt. 1833 wurde Chicago als Stadt gegründet.

Doch auch, wenn der Kanal die Stadt stark nach vorn brachte, ist er mittlerweile stillgelegt. Der Grund dafür ist die Fertigstellung der Illinois Waterway. Der Transportbetrieb des Kanals wurde 1933 eingestellt.

Bereits drei Jahre nach dem Bau des Kanals zogen immer mehr Menschen in die Stadt, sodass bereits 350 Menschen in der Stadt lebten. Doch die

Stadt konnte sich nicht nur über immer mehr Bewohner freuen, sie bekam außerdem einen Namen: Chicago.

Bereits im Jahr 1837 hatte Chicago eine Bevölkerungsanzahl von 4.170 Menschen.

1848 wurde der Kanal fertiggestellt und die erste Lokomotive fuhr in die Stadt ein. Sie können sich bestimmt vorstellen, was das für ein besonderes Ereignis für die Stadt und die dort lebenden Menschen war.

Drei Jahre später hatte sich die Einwohnerzahl bereits verdreifacht.

Die Bevölkerungszahl stieg so rasant, dass im Jahr 1857 bereits über 90.000 Menschen in Chicago lebten.

Lassen Sie uns jetzt die Entwicklung der Stadt von nun an etwas genauer ansehen.

Dafür machen wir unseren nächsten Stopp im Jahr 1871.

Es läuft gut in der Stadt, immer mehr Menschen kommen her und auch wirtschaftlich sieht alles gut aus – bis das große Feuer von Chicago am 8. Oktober ausbrach und erst am 10. Oktober vollständig gelöscht werden konnte. Das Feuer forderte rund 300

Menschenleben und rund 90.000 Menschen verloren ihre Häuser.

Die Stadt war quasi komplett zerstört. Der Schaden belief sich auf etwa 200 Millionen Dollar. Doch die Katastrophe bot auch die Möglichkeit, die Struktur der gesamten Stadt neu zu planen und wiederaufzubauen. Es wurden bekannte Architekten aus ganz Amerika in die Stadt geholt. Sie erschufen Gebäude, von denen niemand vorher hätte träumen können. Es entstanden die ersten Wolkenkratzer mit Stahlrahmenkonstruktion. Der Chicago Water Works Tower überlebte das Feuer und kann heutzutage noch besichtigt werden.

Das Feuer ging unter dem Namen „Der Große Brand von Chicago" mit in die Stadtgeschichte ein.

Lassen wir nun das Feuer hinter uns und blicken etwas weiter in die Zukunft.

Unseren nächsten Stopp machen wir im Jahr 1893.

In diesem Jahr war Chicago Gastgeber der World's Columbia Exposition. Die Weltausstellung fand zum vierhundertsten Jahrestag zur Entdeckung von Amerika durch Kolumbus statt. 26 Millionen Besucher zog diese sechsmonatige Ausstellung an.

Durch so eine große Anzahl an Menschen musste auch eine geeignete Beförderungsmethode geplant werden. Um die Menschen schnell zu der Ausstellung zu bringen, wurde die erste Hochbahn in Chicago in Betrieb genommen. Heute verlaufen die Bahnsysteme in einem Kreis um das zentrale Geschäftsviertel, weswegen dieses auch „the Loop" genannt wird.

Klischees und Vorurteile

Bevor ich das erste Mal in die Vereinigten Staaten von Amerika flog, habe ich natürlich viel über das Land gehört und gelesen. Ich hörte zum Beispiel, Amerika sei das Land der unbegrenzten Möglichkeiten, Amerikaner seien zum Großteil dick und alles sei immer etwas größer, ganz gleich, ob es die Portion beim Essen, das Getränk oder das Auto ist. Außerdem hörte und las ich, dass Waffen angeblich als relativ normal in den USA gelten.

Erkennen Sie manches wieder? Wir hören ja immer viel und natürlich gibt es für jedes Land und für jede Kultur bestimmte Vorurteile und Klischees. Ich möchte Ihnen meine eigenen Erfahrungen schildern sowie gemeinsam mit Ihnen mit manchen Klischees und Vorurteilen aufräumen.

Die Menschen

Als ich das erste Mal in ein Geschäft ging, war ich erstaunt, wie freundlich ich empfangen wurde. Es wurde sofort gefragt, wie es mir denn ginge und dass ich mich bei Fragen natürlich jederzeit melden könne. Im Allgemeinen erlebte ich die Amerikaner als freundlich und hilfsbereit. Allmählich löste sich auch meine Sprachbarriere auf und ich traute mir mehr zu. Vielleicht kennen Sie das? Ich hatte Angst, sie würden über manche Fehler lachen oder sie wundern sich über das vielleicht schlecht erscheinende Englisch. Doch meine Angst war unbegründet, denn ich wurde kein einziges Mal ausgelacht, es wunderte sich auch ebenfalls niemand über mögliche Fehler und so schlecht, wie ich es dachte, war mein Englisch auch nun wirklich nicht. Sollten Sie sich hierbei etwas wiedererkennen und sollte die erste Reise nach Amerika oder in ein Land mit fremder Sprache anstehen: Trauen Sie sich mehr, in der Sprache des jeweiligen Landes zu sprechen.

Öfters wurde ich gefragt, aus welchem Land ich denn käme. Manche, mit denen ich sprach, waren selbst schon einmal in Deutschland.

Auf der Straße lächelten mir Menschen zu und ich freute mich unheimlich über diese liebe Geste.

Ich kann aus meiner eigenen Erfahrung nur sagen, dass die Menschen offen, hilfsbereit und sehr lieb sind.

Waffen?

Erstaunt war ich, als ich in einem großen Kaufhaus stand und in der großen Abteilung für Sportbekleidung und Ausrüstung ebenfalls ein paar Waffen fand.

Dass diese nicht wirklich verboten sind, ist mittlerweile, glaube ich, kein großes Geheimnis mehr.

Doch diese tatsächlich so leicht zu finden, schockierte mich ein wenig. Dennoch war ich fasziniert, denn so etwas hatte ich vorher noch nie gesehen.

Alles immer eine Nummer größer?

Vor meiner Reise habe ich gelesen, niemals die größte Größe beim Essen oder bei der Getränkewahl zu bestellen. Ich möchte es Ihnen nicht zwingend als Tipp mitgeben, dies tatsächlich nicht zu tun, aber schauen Sie sich vor dem Bestellen einmal tatsächlich die größte Größe an und entscheiden Sie dann, sollte diese vorher für Sie infrage kommen.

Denn tatsächlich sind die Größen bei Getränken und bei Speisen etwas größer, als wir das vielleicht gewöhnt sind.

Doch nicht nur die wirklich großen Portionsgrößen überraschten mich. Auch die großen Autos auf den Straßen kann man nur unschwer übersehen. Auch, dass die Autobahnen durchaus bis zu sechs Spuren haben können, faszinierte mich.

Fazit

Ich glaube, dass wir festhalten können, dass sich manche Klischees bewahrheiten. Ich kann Ihnen eine Reise nach Amerika dennoch nur ans Herz legen. Sie werden mit einer Menge an neuen Erfahrungen, lieben Gesprächen im Gedächtnis und natürlich mit genügend Souvenirs und Andenken nach Hause kommen.

Der Tourismus in Chicago

Was bedeutet Tourismus für Sie? Jeder wird wahrscheinlich eine etwas andere Antwort haben. Ich kann Ihnen sagen, für mich signalisiert es immer ein wenig Sicherheit, wenn ich weiß, dass der Stadt Reisende oder Urlauber nicht fremd sind. Das mag vielleicht für jeden Menschen anders sein, aber ich glaube, dass wir alle keine blöden Überraschungen im Urlaub erleben wollen, daher habe ich Ihnen im Folgenden Tipps und ein paar Informationen zum Tourismus in der

Stadt aufgelistet.

Beginnen möchte ich mit ein paar vielleicht trockenen Fakten zum Tourismus in Chicago. Ich finde es jedoch immer interessant, wie viele Arbeitsplätze der Tourismus möglich macht.

2017 erreichte Chicago eine Besucherzahl von 55 Millionen Menschen. Im Vergleich zum Vorjahr stieg die Zahl der Touristen um 2,5 Prozent.

Als kleiner Vergleich: Im Jahr 2018 lebten 46 Millionen Menschen in Spanien.

Dass die Tourismusindustrie in jedem Land und in jeder Stadt Arbeitsplätze von vielen Menschen sichert, ist ja bekanntlich nichts Neues. In Zahlen gesprochen bedeutet dies für die Stadt Chicago, dass die Tourismusindustrie 2017 ca. 146.500 Arbeitsplätze sicherte. Vor 2011 ermöglichte der Tourismus hingegen noch 124.000 Arbeitsplätze.

Doch was zum Beispiel treibt so viele Menschen in die Stadt?

Sind Sie schon einmal geschäftlich gereist? Oder reisen Sie öfters geschäftlich?

Tagungen und Kongresse tragen zu einer Steigerung der Touristenanzahl bei. Die steigende Anzahl an geschäftlichen Touristen führt ebenfalls dazu, dass Chicago nicht nur als ein Ort zum Urlaub machen, leben oder arbeiten gesehen wird, sondern auch als ein ansprechender Innovationspartner.

Halten wir also fest, dass Touristen, egal, ob dienstlich oder privat, die Arbeitsplätze vieler Menschen sichern und die Wirtschaft voranbringen. Wahrscheinlich haben viele Touristen eines gemeinsam.

Wissen Sie schon, was das ist?

Wahrscheinlich werden viele der Menschen auf dem Chicago O´Hare International Airport landen und von dort aus auch wieder ihre Reise nach Hause antreten.

Der Flughafen zählt zu den belebtesten der Welt.

Die Stadt hat jedoch nicht nur einen Flughafen. Der Chicago Midway Airport liegt näher am Zentrum der Stadt. Er wird gerne von den sogenannten „Billigfluggesellschaften" angeflogen. Für Langstreckenflüge ist er allerdings nicht geeignet, da die Landebahnen zu kurz sind.

Tipps

Kennen Sie das, dass man die meisten hilfreichen Tipps immer erst nach dem Aufenthalt erfährt? Oder stundenlang googelt, um möglichst viel zu erfahren? Ich habe Ihnen ein paar Tipps aufgelistet, damit Sie Ihren Aufenthalt so angenehm wie möglich gestalten können. Sollten Sie keine Reise geplant haben oder vielleicht erst später reisen möchten, können Sie die Tipps natürlich auch dann anwenden.

VOM FLUGHAFEN IN DIE STADT

Es empfiehlt sich, mit den Schnellzügen in die Innenstadt zu fahren. Die Fahrkarten sind günstig und Sie erreichen Ihr Ziel schnell und entspannt. Die Züge fahren vom Terminal 3 ab.

Falls Sie sich lieber ein Auto mieten möchten oder dies schon geplant haben: Shuttlebusse bringen Sie zu Ihrem jeweiligen Autoverleihservice. Um vom Flughafen in die Stadt zu kommen, können Sie den John F. Kennedy Expressway (l-90) wählen, so gelangen Sie schnell in die Innenstadt von Chicago.

Von einer Fahrt mit dem Taxi kann ich Ihnen für diesen Weg abraten, Sie können mit den Zügen genauso schnell die Innenstadt erreichen und sparen dabei viel Geld.

Generell lohnen sich Taxen in der Stadt nur mit mehreren Personen, die öffentliche Verkehrsanbindung ist so gut, dass alles bequem mit dem Bus oder der Metro erreicht werden kann. So ärgern Sie sich nicht über Stau und sparen noch dazu Geld.

DIE „GO CHICAGO CARD":

Ich möchte Ihnen bereits an dieser Stelle diese Card ans Herz legen. Die „Go Chicago Card" bietet Rabatte für Shops, Restaurants und Sehenswürdigkeiten. Außerdem erhalten Sie freien Eintritt und die kostenlose Teilnahme an Unternehmungen, Attraktionen und Touren in der Stadt.

Mit der Card sparen Sie bis zu 55 %.

Sollten Sie also sowieso mit dem Gedanken spielen, an Touren teilzunehmen und Sehenswürdigkeiten zu besichtigen, lohnt sich diese Card auf jeden Fall. Erwerben können Sie diese online oder vor Ort an Infoschaltern von der Tourismusorganisation in Chicago.

CITY PASS

Langes Warten nervt immer. Da freut man sich auf eine Sehenswürdigkeit oder möchte etwas erkunden, muss aber ewig lange anstehen und am Ende vergeht die Lust dann doch sehr schnell. Besonders, wenn der Aufenthalt in der Stadt auf ein paar wenige Tage begrenzt ist, lohnt sich dieser Pass besonders. So können Sie einfach die lange Wartezeit in den

Schlangen überspringen und direkt die Sehenswürdigkeit besichtigen.

Der Pass ist nach dem Kauf für neun Tage gültig,
doch Sie sparen nicht nur die nervige Wartezeit, sondern auch Geld, denn viele Eintrittspreise werden
mit dem City Pass günstiger.

Sollte dieser Pass für Sie infrage kommen, können Sie ihn einfach und schnell online erwerben.

ÖFFENTLICHER VERKEHR

Das Netz der öffentlichen Verkehrsmittel in Chicago
ist sehr gut ausgebaut, so fährt die U-Bahn in Chicago, genannt „L", auf insgesamt acht verschiedenen
Linien durch die Stadt und in verschiedene Vororte.
Ein Einzelticket kostet $ 3 und ist im Vergleich zu ei-
nem Taxi natürlich deutlich billiger.

KULTUROBJEKTE UND MUSEEN

Eben habe ich Ihnen die „Go Chicago Card" vorgestellt, welche günstigeren oder sogar freien Eintritt zu vielen Attraktionen und Touren gewährt. Alle Kulturobjekte und Museen ermöglichen freien Eintritt für mindestens einen Tag in der Woche. Falls Sie also einen Besuch in einem Museum planen, welches in der „Go Chicago Card" nicht mit inbegriffen ist, oder wenn Sie sich gegen die Card entscheiden, bietet dies die perfekte Alternative. Die jeweiligen Öffnungszeiten können Sie in jedem touristischen Büro erfragen, dort wird Ihnen gerne weitergeholfen. Alternativ finden Sie die Öffnungszeiten natürlich auch im Internet.

Highlights und Wahrzeichen

Vielleicht brauchen Sie noch ein paar Inspirationen, welche Sehenswürdigkeiten Sie sich bei Ihrem Aufenthalt noch ansehen könnten. Oder Sie möchten einfach sehen, was die Stadt an Wahrzeichen so zu bieten hat. Kommen Sie mit mir auf einen kleinen Rundgang entlang der bekanntesten Wahrzeichen der Stadt.

CLOUD GATE

Beginnen wir im Millennium Park. Wahrscheinlich werden Sie einige Erinnerungsfotos aus den bisherigen Urlauben Zuhause haben.

Doch haben Sie schon ein Familienfoto oder Selfie der etwas anderen Art? Die Skulptur trägt den Namen „Cloud Gate". Bekannt ist die Skulptur unter anderem unter dem Namen „the Bean", da sie die Form einer Bohne hat. Besonders an ihr ist, dass sie komplett verspiegelt ist und dadurch eine Vielzahl von Menschen täglich in ihren Bann zieht.

Es gestaltet sich als etwas schwieriger, als man vielleicht vorher gedacht hat, sich in der Bohne zu finden. Doch wenn Sie eine Erinnerung haben möchten, die so vielleicht noch nicht so viele andere haben, ist das Cloud Gate immer einen Besuch wert. Ein etwas verzerrtes Selbstporträt ist doch einmal eine Abwechslung und so viele haben so etwas wahrscheinlich noch nicht.

CROWN FOUNTAIN

Bleiben wir doch direkt im Millennium Park.

Nicht nur „die Bohne" zieht dort die Besucher an, sondern auch die bekannten Brunnen mit Video-Animation. Schauen wir uns diese etwas anderen Brunnen noch einmal genauer an.

Es handelt sich um zwei ca. fünfzehn Meter hohe, aus Glasbausteinen bestehende rechteckige Quader. Über diese Quader läuft permanent Wasser. Diese Brunnen stehen sich mit Abstand gegenüber. Das klingt noch nicht sonderlich besonders, stimmts?

Doch schauen wir uns die Brunnen nun noch etwas genauer an.

Auf den Brunnen erscheinen Gesichter in Groß-aufnahme. Es wirkt täuschend echt.

Wenn die Gesichter ihren Mund öffnen, spritzt eine Wasserfontäne hervor. Sobald der Mund sich wieder schließt, stoppt auch die Fontäne und das Bild fängt an, zu verblassen, und ein neues Gesicht erscheint.

Betrachten wir die zwei Brunnen aus etwas Ent-fernung, schauen sich die beiden Gesichter gegensei-tig an.

Durch die Gesichter bekommen wir einen Eindruck von personifizierter Architektur.

Die Crown Fountain sind auf jeden Fall einen Besuch wert und spätestens, wenn Sie wirklich real davor stehen, werden Sie staunen.

MILLENNIUM PARK

Ich habe von den Sehenswürdigkeiten in diesem Park bereits gesprochen, doch noch nicht wirklich über den Park selbst. Denn auch dieser verdient es, erwähnt zu werden.

Der Millennium Park ist die nordwestliche Erweiterung des um einiges größeren Grant Parks. Durch die Attraktionen, wovon wir uns ein paar schon angeguckt haben, gehört er zu den besten und schönsten Touristenattraktionen.

Wenn wir uns umschauen, so sehen wir Grünflächen, umsäumt von den beeindruckenden Wolkenkratzern der Stadt. Ursprünglich war die Eröffnung des Parks zur Jahrtausendwende geplant, weswegen dieser auch seinen Namen trägt, jedoch wurde er erst 2004 eröffnet. Der Grund dafür waren Änderungen am Design sowie Überschreitungen des Budgets.

Durch seine zentrale Lage mitten in der Innenstadt bietet er den perfekten Platz, um kurz zu entspannen oder ein Picknick zu machen.

WILLIS TOWER

Nachdem wir uns im Millennium Park etwas erholt haben, wollen wir nun hoch hinaus. Bereits im Vorwort habe ich das Gebäude kurz erwähnt. Der Willis Tower zählt zu einem der drei höchsten Gebäude in Amerika. Ebenfalls noch bekannt ist er unter seinem damaligen Namen: Sears Tower. 1974 wurde der Wolkenkratzer nach einer Bauzeit von vier Jahren eröffnet. Ohne die Antennen hat der Willis Tower eine Höhe von 442 Metern aufzuweisen. Mit seinen Antennen ist er sogar 527 Meter hoch.

Doch nun möchte ich Ihnen zeigen, was der Willis Tower zu bieten hat. Um auf die Aussichtsplattform zu kommen, müssen wir natürlich zunächst mit dem Fahrstuhl hinauffahren. Die Anzeige der Stockwerke im Fahrstuhl steigt rasant an und nach Sekunden erreichen wir die Aussichtsplattform. Uns zeigt sich ein wunderschöner Blick über die Stadt. Die Skyline der Windy City, die als eine der schönsten der Welt gilt, zeigt sich wirklich von ihrer schönsten Seite. Wenn Sie mutig sind, können Sie einen Schritt auf den Glasboden wagen und quasi über der Stadt schweben, die Sicht nach unten und zur Seite ist quasi komplett frei. Von hier oben können Sie den Chicago River, den Lake Michigan sowie die vielen Wolkenkratzer der Stadt erblicken. Genauso schnell, wie wir mit dem Fahrstuhl nach oben gefahren sind, so schnell können wir auch wieder nach unten fahren.

DER BUCKINGHAM-BRUNNEN

Nachdem Sie den Willis Tower besichtigt haben, geht unser kleiner Spaziergang weiter in Richtung des Grant Parkes. Hier steht einer der größten Springbrunnen der Welt. Aber was ist so besonders an ihm? Der Brunnen steht nicht weit entfernt von dem Ufer des Lake Michigan. Das Hauptbecken des Brunnens symbolisiert den Lake Michigan. Wenn Sie sich den Brunnen ganz genau ansehen, sehen Sie vier um den Brunnen angeordnete Seepferdchen-Skulpturen, welche die vier Bundesstaaten, die an den See angrenzen, symbolisieren sollen. Zu diesen

Bundesstaaten zählen Ohio, Wisconsin, Indiana und natürlich Illinois. Der Brunnen markiert zudem den östlichen Endpunkt der Route 66. Abends können Sie hier ein wunderbares Lichtspiel bewundern, denn wenn es dunkel ist, wird dieser Springbrunnen zusammen mit dem Wasser in unterschiedlichen Farben angestrahlt.

ART INSTITUTE OF CHICAGO

Der Millennium Park hat nicht nur tolle Skulpturen, Brunnen oder Platz zur Erholung zu bieten, sondern auch etwas für jeden Kunstliebhaber.

Konnten Sie schon einmal bekannte Werke von zum Beispiel Vincent van Gogh bestaunen?

Nein? Dann bietet Ihnen das Kunstmuseum die perfekte Möglichkeit dazu.

Hier finden Sie Werke geordnet nach Thematik aus mehr als fünf Jahrtausenden. Nicht nur die Werke von van Gogh können dort bewundert werden, auch Werke anderer weltbekannter Künstler sind dort zu finden.

Seit 2009 ist es nicht nur ein reines Kunstmuseum. Seit seiner Eröffnung ist die Kunsthochschule der Stadt, die School of Art Institute of Chicago, in dem Museum mit untergekommen.

Seit 2009 ist das Kunstmuseum das zweitgrößte in den USA.

Falls Sie sich jetzt fragen, wie es denn sein kann, dass es diesen Platz erst seit 2009 hat: In diesem Jahr kam die Erweiterung des Museums hinzu, der Modern Wing.

Auch wenn Kunst Sie noch nie wirklich begeistert hat, in diesem Museum wird garantiert auch für Sie etwas dabei sein.

OLD WATER TOWER

Lassen wir nun den Millennium Park hinter uns und gehen etwas am Chicago River entlang.

Falls Sie noch nach einem Andenken suchen oder einfach so etwas einkaufen möchten, eignet sich die Magnificent Mile besonders gut.

Sie liegt zwischen dem Chicago River und dem Lake Shore Drive. Sie erreichen die Magnificent Mile innerhalb von ein paar Gehminuten. Sie bietet nicht nur ein super Shopping-Erlebnis mit unzähligen Geschäften, Museen und Restaurants, sondern gilt auch als eines der wichtigsten Geschäftsviertel der Stadt. Falls Ihnen nicht nach Shoppen ist, können Sie sich auch eines der ältesten Gebäude der Stadt ansehen: den Old Water Tower.

Erbaut wurde er 1869 und er zählt zu den Wahrzeichen der Stadt. Doch nicht nur dieses bekannte Gebäude ist hier zu finden. Auch den Tribune Tower, das Wrigley Building sowie das John Hancock Center erreichen Sie innerhalb kürzester Zeit zu Fuß.

360 CHICAGO (HANCOCK OBSERVATORY AND TOWER)

Neben vielen luxuriösen Geschäften hat die Magnificent Mile auch hohe Gebäude zu bieten. Was das John Hancock Center so zu bieten hat, wollen wir uns nun gemeinsam näher anschauen.

Von dort oben können Sie einen Blick der etwas anderen Art genießen.

Das 94. Stockwerk erreichen wir wieder innerhalb von ein paar Sekunden. Von hier aus können Sie einen 360-Grad-Blick über die Stadt genießen. Aus einer Höhe von 300 Metern wird Ihnen ein Blick über die Wahrzeichen der Stadt geboten. Nichts schränkt Ihren Blick ein und Sie können Ihren Blick weit in die Ferne schweifen lassen.

BEGINN DER ROUTE 66

Einmal die bekannte Route 66 entlangfahren – auch, wenn sie so in dieser Form heute nicht mehr existiert, ist sie dennoch immer noch sehr bekannt. Ihr Anfangspunkt kann in Chicago besichtigt werden. Neben dem Lou Mitchell Diner markiert ein Schild den Anfangspunkt der bekannten Route 66. Im Hintergrund können Sie die Antennen des Willis Towers sowie weitere hohe Gebäude erkennen.

NAVY PIER

Unseren vorletzten Stopp möchte ich am Navy Pier einlegen, der Ort, der mir bei meinem Besuch in der Stadt am besten und stärksten in Erinnerung geblieben ist. Erbaut wurde der Pier 1916 und auch Daniel Burham war in die Planung involviert.

Hier kommen Groß und Klein auf ihre Kosten.

Auf dem Riesenrad und auf weiteren Fahrgeschäften können Sie für den Adrenalinkick sorgen.

Das Riesenrad bietet den perfekten Ort, um über den Lake Michigan und auf die Skyline zu blicken. Falls die Höhe nicht Ihr Ding ist, können Sie trotzdem einen perfekten Blick auf die Skyline bekommen – dieser wird Ihnen an einem der Stege geboten. Wenn die Sonne untergeht, erstrahlt der Ort noch einmal in einem völlig neuen Glanz. So wird zum Beispiel das Riesenrad angestrahlt.

Falls Sie von dem vielen Laufen und Besichtigen Hunger bekommen haben sollten, können Sie hier die beste der typischen Chicago Pizza essen. Auch den Chicago Hot Dog kann man hier perfekt genießen. Was die Pizza und den Hot Dog auszeichnet, habe ich Ihnen in einem separaten Kapitel erläutert.

Danach können Sie gestärkt weiter die Stadt erkunden.

MARINA CITY

Wenn Sie hochschauen oder generell einen Blick auf die beiden Türme werfen, werden Sie wahrscheinlich zunächst von der Architektur nicht sonderlich begeistert sein. Man könnte sogar meinen, dass die Gebäude wie Maiskolben aussehen. Doch gerade dafür sind die zwei Türme so bekannt. Sie wurden 1964 fertiggestellt und der bekannte Architekt Bertrand Goldberg hat sie entworfen. Die beiden Türme haben 61 Stockwerke und sind identisch aufgebaut. In den unteren 19 Stockwerken befindet sich ein Parkhaus und vom 21. bis zum 60. Stockwerk sind Wohnungen aufzufinden.

Außerdem werden dort gerne Verfolgungsjagdszenen für das Kino und für Fernsehfilme gedreht. In den Filmen „The Hunter" sowie „Batman Begins" sind die zwei Türme zu sehen. Auch in der Serie „Chicago Fire" haben sie einen Auftritt.

Bei dem Betrachten der beiden Türme fragen Sie sich bestimmt nun, warum es „City" heißt, wenn es sich nur um zwei Türme handelt. Es gehören ebenfalls ein Theater, eine Eisbahn, Grünanlagen sowie ein Bootssteg zum Chicago River dazu. Man könnte also meinen, dass sie ihre eigene kleine Stadt bilden.

Ich glaube, Sie haben einen vielseitigen Eindruck davon bekommen, dass Chicago mehr als nur die hohen Gebäude zu bieten hat. Für Aktivitäten in der Stadt habe ich Ihnen ein gesondertes Kapitel erstellt.

Unternehmungen

Falls Ihnen während Ihres Aufenthaltes noch ein paar Inspirationen fehlen oder Sie vor Ihrem Aufenthalt ein paar Anregungen für mögliche Aktivitäten bekommen möchten, sind Sie hier genau richtig. Für Groß und Klein ist natürlich etwas dabei.

Shedd Aquariium

Wer nach Abwechslung von Sightseeing sucht, ist bei dem Shedd Aquarium genau richtig. Hier wohnen ungefähr 8000 Tiere und ca. 650 Tierarten. So können Sie sich nicht nur Fische, Insekten oder Vögel ansehen, sondern auch zum Beispiel Beluga Wale oder

Pinguine. Lassen Sie sich bei einem Gang durch das Aquarium von den unterschiedlichsten Tieren verzaubern und genießen Sie eine Auszeit von der Großstadt.

Erbaut wurde das Aquarium 1929 und es gilt als eines der ältesten musealen Aquaristik- Anlagen auf der ganzen Welt. Doch das Aquarium kann nicht nur als eines der ältesten punkten, sondern ist auch gleichzeitig das größte überdachte Aquarium der Welt.

Adler Planetarium

Wer einmal nach den Sternen greifen möchte, ist hier genau richtig. Das Adler Planetarium liegt direkt hinter dem Shedd Aquarium und es zählt zu den größten Attraktionen der Stadt.

Auf mehreren Ebenen können Sie verschiedene Ausstellungsstücke zu den Themen Weltraum, Planetensystem und Erforschungen aus der heutigen Zeit sowie von früher erkunden. Die Sammlung historischer Instrumente gilt als weltberühmt.

In besonderen Ausstellungsräumen können Sie die Welt von Multimedia ganz anders kennenlernen. Begeben Sie sich auf eine Zeit- oder Weltraumreise und erleben Sie hautnah, wie sich das Weltall bis heute entwickelt hat. Reisen Sie durch ferne Galaxien und erkunden Sie unser Sonnensystem.

Für die kleinen Besucher warten jeden Tag andere spannende Aktivitäten in dem Planetarium.

Naturkundemuseum

Auf dem Gelände, wo das Shedd Aquarium und das Adler Planetarium zu finden sind, können Sie auch das Naturkundemuseum besuchen.

Eröffnet wurde das Museum 1893. 1921 zog das Field Museum of Natural History auf die Anlage des Grant Parks. Es zählt zu den größten Museen der Welt. Sie können Ausstellungen zur Naturwissenschaft auf insgesamt fünf Ebenen bestaunen.

Doch auch für die kleinen Besucher hat das Naturkundemuseum etwas zu bieten, so kann beispielsweise ein großes Skelett des T-Rex bestaunt werden.

In einem 3-D-Film können Sie das Leben des T-Rex nachempfinden, und zwar bis zu dem Tag, an dem das Dinosaurier-Skelett gefunden wurde.

Bootstour – Chicago vom Wasser aus

Einmal die Stadt aus einer anderen Perspektive bewundern und gleichzeitig auf dem Chicago River die unendlich aussehenden Wolkenkratzer bestaunen – dafür eignet sich eine Bootstour auf dem bekannten Fluss am besten.

Das Gefühl, zwischen den riesigen Gebäuden hindurch zu fahren, ist unglaublich und auf jeden Fall eine Überlegung wert. Sie können sich auf dem Boot perfekt von dem vielen Umherlaufen erholen und sich gleichzeitig die Stadt von einem etwas anderen Blickwinkel ansehen.

Für jeden Geschmack gibt es die richtige Bootstour. Es gibt Touren, die nur auf dem Chicago River fahren, Touren auf dem Lake Michigan und Touren, die beides miteinander verbinden.

Tickets können Sie vorab bereits online kaufen, so sparen Sie sich das nervige Anstehen vor Ort. Erfahren Sie auf Ihrer Tour nebenbei Wissenswertes über die Architektur der Gebäude und weitere nützliche Informationen zu der Stadt selbst.

Separate Touren, die auf die Architektur spezialisiert sind, gibt es selbstverständlich auch. Weitere Informationen zu den Uhrzeiten und Preisen finden

Sie an den Ablege-Stegen der Schiffe oder auf Flyern sowie auf den jeweiligen Internetseiten. Sollten Sie eher spontan sein, können Sie auch vor Ort eine Tour buchen.

Navy Pier

Wie wäre es, die Stadt von einem Riesenrad aus zu bewundern? Oder einfach ein wenig zu entspannen? Für die kleinen Gäste hat das Navy Pier ein Kids-Museum zu bieten sowie einen Spielplatz mit Blick auf das Wasser. Von dort können Sie ebenfalls perfekt die Skyline bewundern. Doch nicht nur für die kleinen Besucher hat das Navy Pier etwas zu bieten, selbstverständlich kommen auch die großen Besucher auf ihre Kosten. Ob zum Beispiel in einem der Biergärten oder bei den unzähligen Essensständen – für jeden ist das Richtige dabei.

Helikopterflug – Chicago aus der Luft

Nicht für jeden ist die Höhe etwas. Wenn Sie aber keine Höhenangst haben, kann ich Ihnen einen Helikopterrundflug sehr empfehlen. Aus der Luft präsentiert sich die Stadt noch einmal von einer ganz anderen Seite. Genießen Sie einen Blick über die Wolkenkratzer, dem Chicago River und dem endlos erscheinenden Lake Michigan. Erfahren Sie von Ihrem Piloten interessante Fakten über die Stadt, die Sie so sicher noch nicht wussten. Das einzigartige Panorama bietet die perfekte Möglichkeit, Erinnerungsfotos aus schwindelerregender Höhe zu schießen.

Stadtlichter

Die Stadt erstrahlt bei Nacht in einem ganz neuen Glanz. Das können Sie bei einer Fluss- & Lakefront-Fahrt bei Nacht selbst bewundern. Bestaunen Sie die glänzenden Wolkenkratzer auf einer Fahrt über den Chicago River und den Lake Michigan. Ihnen wird eine völlig neue Sicht auf die Stadt geboten.

Water Tower Place

In dem Water Tower Place wird Ihnen nicht nur die besondere Architektur geboten, sondern auch das Shopping kommt nicht zu kurz, denn was wäre ein Städtetrip ohne ein wenig Shopping? Ganz gleich, ob für Sie selbst oder für Ihre Liebsten – hier finden Sie mit Sicherheit für jeden etwas. In dem Wolkenkratzer mit 74 Stockwerken sind nicht nur Büros und Appartements zu finden, sondern auch ein

Einkaufszentrum, verteilt auf acht Stockwerke.

Der Water Tower Place wurde im Jahr 1976 eröffnet und ragt 262 Meter in die Höhe.

North Michigan Building

Nicht weit vom John Hancock Center ist das 900 North Michigan Building zu finden.

Fertiggestellt wurde der Wolkenkratzer mit einer Höhe von 265 Metern im Jahr 1989. Verteilt auf die ersten sechs Stockwerke finden Sie Restaurants sowie Möglichkeiten zum Einkaufen. Auch das Four-Seasons-Hotel finden Sie in diesem Gebäude. Der Baustil des Gebäudes zählt zu der Epoche der Postmoderne.

Doch was macht dieses Gebäude jetzt so besonders? Wenn wir uns einmal die Fassade anschauen, so fällt auf, dass diese aus Kalkstein besteht. Die Fenster sind aus grünem Glas.

Ihnen werden wahrscheinlich auch die vier kleinen Türmchen auf dem Gebäude auffallen. Die Türmchen können als Ehrung an die Wiener Architektur gesehen werden. Entworfen wurde es von dem Architekturbüro „Kohn Pedersen Fox Associates".

Chicago als Filmkulisse

Die Stadt ist nicht nur für die Besucher vor Ort ein Erlebnis, sondern kann auch in vielen bekannten Filmen bestaunt werden. So sind Teile der Stadt zum Beispiel in „Batman Begins" und „Batman the dark Knight" oder in der Filmreihe von „Transformers" zu sehen. Kommen Sie mit auf einen kleinen Rundgang durch die Drehorte der Stadt.

Die ersten Filme wurden am Anfang des 20. Jahrhunderts in der Stadt gedreht. Auch heutzutage wird die Stadt gerne zum Drehen genutzt, meist hat das einen sehr einfachen Grund: Es ist billiger als zum Beispiel in New York oder Los Angeles. Der niedrige Preis liegt vor allem daran, dass die Löhne für die Menschen hinter der Kamera nicht so hoch sind. Außerdem kommt hinzu, dass es über 200 Theater in der Stadt gibt. Das bedeutet, dass es natürlich genügend potenzielle Schauspieler gibt.

Stellen Sie sich nun kurz vor, dass wir am Kulturzentrum stehen. Damals wurde es als Bücherei genutzt. In Filmen schlüpft das Kulturzentrum zum Beispiel in die Rolle eines Gerichtsgebäudes oder einer Stadthalle. Vielleicht kennen Sie die Szene aus „die Unbestechlichen", wo Robert De Niro (Alphonse Capone in dem Film) die Treppe des Kulturzentrums herunterläuft.

Weiter geht es in der Lobby des Illinois Center West, wo die Wohnung von Batman eingerichtet wurde.

Auch die Hochhäuser sind in vielen Filmen zu sehen, so zum Beispiel auch in „Transformers". In dem Film spielen sich unter anderem Verfolgungsjagden auf der unterirdischen Straße am Chicago River ab, auf dem Wacker Drive.

Bleiben wir doch einmal bei der Transformers-Reihe. In „Transformers 3" flogen Raumschiffe über den bekannten Millennium Park.

Doch nicht nur in „Transformers" ist der Millennium Park zu sehen, in dem Film „Das Haus am See" wartet die Darstellerin Sandra Bullock an der bekannten Skulptur „Cloud Gate".

In dem Film „Beginning of the End" laufen durch Effekte Monstergrashüpfer an der Fassade des Wrigley Buildings hinauf.

An der Fourth Presbyterian Church stand zum Beispiel Cameron Diaz in dem Film „Die Hochzeit meines besten Freundes" und sagte Ja. Die Kirche ist an der Magnificent Mile zu finden.

Auch in dem Film „Kevin allein zu Haus" sind Teile der Stadt zu sehen. Das Haus, in dem die Familie in dem Film wohnt, liegt im Norden von Chicago. Es ist jedoch im Privatbesitz und darf daher nicht besichtigt werden.

Die Flughafenszenen, die in dem Film Chicago und Paris darstellen sollen, wurden an dem Chicago O´Hare International Airport gedreht.

Viele bekannte Drehorte können Sie vor Ort besichtigen. Und wenn Sie zufällig an einem Drehort

vorbeilaufen, wissen Sie nun, welche bekannte Film-
figur dort vielleicht auch schon gestanden hat.

Wussten Sie, dass der bekannte Charlie Chaplin früher in der Stadt lebte und arbeitete?

Kostenlose Aktivitäten

Kennen Sie das, Sie haben an einem Tag vielleicht noch ein bisschen Zeit, diese Zeit reicht aber nicht mehr für einen Museumsbesuch oder sonstiges? Kommen Sie mit auf eine Inspirationsreise durch die Stadt. Ich werde Ihnen Aktivitäten vorstellen, die Ihren Geldbeutel schonen, aber dennoch sehr viel Spaß und Unterhaltung bieten.

Millennium Park.

Auch wenn ich diesen Park schon häufig im Verlauf der letzten Kapitel erwähnte, möchte ich Ihnen diesen an dieser Stelle noch einmal wärmstens empfehlen. Wenn Sie einen Nachmittag Zeit haben oder Ihnen die Füße vom vielen Laufen in der Stadt wehtun, eignet sich der Park perfekt zum Entspannen. Mit der Cloud Gate-Skulptur und den Crown Fountain ist der Millennium Park nicht einfach nur ein Park. Er bietet neben den Grünflächen und den bekannten Sehenswürdigkeiten genügend Platz zum Entspannen. Auch Konzerte finden durchaus dort statt. Der Jay Pritzker-Pavillon stellt eine Konzertmuschel dar. Er gilt als das Herzstück des Parkes. Eröffnet wurde dieser im Jahr 2004.

River Walk

Meistens werden normale Spaziergänge durch die Stadt ja irgendwann doch ziemlich langweilig oder man hat schon fast alles gesehen. Doch einen besonderen Spaziergang durch unterschiedliche Teilbereiche der Stadt möchte ich Ihnen jetzt vorstellen. Der Chicago River Walk führt zum einen entlang des bekannten Chicago Rivers, zum anderen jedoch auch durch Parkanlagen, wo Sie zum Beispiel eine Pause auf einer Parkbank machen und einfach kurz den Moment genießen können. Außerdem kommen Sie an unzähligen Restaurants vorbei, die ebenfalls zu einer Pause einladen. Ihnen wird außerdem eine wunderschöne Sicht auf den Chicago River und auf die Stadt geboten. Wir können also zurecht sagen: Ein Spaziergang der etwas anderen Art. Der River Walk ist in sechs Bereiche eingeteilt, durch die Sie schlendern können.

Lincoln Park Conservatory

Einmal zwischen exotischen Pflanzen spazieren gehen, das können Sie im Lincoln Park Conservatory tun. Direkt neben dem Lincoln Park Zoo hat das Conservatory seinen Platz gefunden. Genießen Sie die Ruhe zwischen Palmen, Orchideen, Farne und vielen mehr. Die Beschilderungen an den Pflanzen geben Ihnen Auskunft über Details zu der jeweiligen Pflanze.

Doch nicht nur für einen Spaziergang eignet sich das Conservatory, es bietet auch die perfekte Kulisse für ein paar Erinnerungsfotos. Die viktorianische Glasstruktur mit den Bogendächern wurde zwischen 1890 und 1895 erbaut und dient als beliebtes Fotomotiv. Außerdem bekommen Sie hier nützliche

Tipps zur Gartengestaltung und -pflege, die Sie in Ihrem eigenen Garten anwenden können.

Lincoln Park Zoo

Für Abwechslung von den Wolkenkratzern und vom Trubel der Großstadt sorgt der Lincoln Park Zoo.

Der Zoo gilt als einer der ältesten in Nordamerika. Anders als viele andere verlangt dieser keinen Eintritt. Doch nicht nur der Zoo selbst ist einen Besuch wert, auf dem Gelände steht eine der ältesten Eichen. Die Eiche gehört zu der Art „Quercus macrocarpa". Sie ist ungefähr 3 Jahre älter als die Stadt selbst.

Die artgerechte Haltung der Tiere steht hier an oberster Stelle. So finden rund 1000 Tiere in dem Zoo ein Zuhause.

Gegründet wurde der Zoo 1868.

So können Sie nicht nur Affen dabei beobachten, wie sie sich von einem Baum zum nächsten schwingen, sondern unter anderem auch die Seehunde beim Entspannen auf den Felsen oder beim Schwimmen entdecken.

Der Zoo bietet die perfekte Unterhaltung für die kleinen und großen Besucher.

Michigan Avenue Bridge

Fragt man einige Menschen, was typisch für Chicago ist, werden viele wahrscheinlich mit den unzähligen Brücken über dem Chicago River antworten. Bereits im Vorwort erwähnte ich die Brücken.

Doch eine möchte ich ganz besonders hervorheben. Die Michigan Avenue Bridge, die seit 2010 DuSable Bridge heißt, wurde 1918 erbaut, bereits zwei Jahre später für den Verkehr freigegeben und verbindet den nördlichen und den südlichen Teil der Stadt miteinander.

Die Brücke ist eine Doppelstock-Klappbrücke. Auf der oberen Ebene befinden sich sechs Fahrstreifen und auf der unteren vier sowie Bereiche für die Fußgänger.

Zu finden ist die Brücke in einem für die Stadt historisch bedeutsamen Teil. Das nördliche Ende der Brücke gehört zu der Magnificent Mile und befindet sich zwischen dem Wrigley Building und dem Tribune Tower. Das südliche Ende befindet sich am Kreuzungsbereich der Michigan Avenue mit dem Wacker Drive.

Tribune Tower

Wenn Sie an diesem hohen Tribune Tower vorbeikommen, nehmen Sie sich doch kurz eine Minute und schauen etwas genauer hin. Denn in der Fassade wurden an der Straßenseite Steine von vielen bekannten Gebäuden aus aller Welt eingearbeitet. So können Sie Steine aus dem Taj Mahal, der Chinesischen Mauer oder der Berliner Mauer bewundern. Doch nicht nur die Steine aus aller Welt sind ein Blickfang, auch die vielen Details des Gebäudes selbst. Nehmen Sie sich einen Moment Zeit und genießen Sie die Sicht auf das Gebäude.

North Michigan Beach

Wahrscheinlich werden Sie das kennen, so ganz ohne Strand geht es dann doch nicht. Durch die Lage der Stadt am Lake Michigan, der wie das Meer wirkt, da man kein anderes Ufer mehr erkennen kann, bietet die Stadt auch Strände zum Ausruhen, Entspannen oder für eine Runde schwimmen im kühlen Wasser. Wonach auch immer Ihnen der Sinn steht, der North Michigan Beach hat für jeden Geschmack das Richtige zu bieten. Besonders attraktiv machen diesen Strand seine zentrale Lage und der wundervolle Blick auf die Skyline der Stadt.

Im Sommer findet auch die eine oder andere Party an diesem Strand statt.

Wrigley Building

Sie kennen bestimmt alle das berühmte Kaugummi der Firma Wrigley. Das Wrigley Building steht gegenüber des Tribune Towers und stellt den Hauptsitz der Firma Wrigley dar.

Architektonisch ist das Gebäude an den Stil des Giralda-Turmes der Kathedrale von Sevilla in Spanien angelehnt und mit Elementen der französischen Renaissance kombiniert.

Der Südturm mit einer Höhe von 133,5 Metern wurde 1921 fertiggestellt. 1924 erfolgte dann die Fertigstellung des 89,6 Meter hohen Nordturmes.

Durchgänge zwischen den Gebäuden sind im Erdgeschoss, im dritten Stock sowie im 14. Stockwerk gebaut worden. Wenn Sie vor dem Gebäude stehen, wird Ihnen wahrscheinlich die weiße Verkleidung auffallen. Die Terrakotta-Verkleidung sorgt für das weißglänzende Aussehen.

Wussten Sie außerdem, dass dieses Gebäude das erste klimatisierte Bürogebäude der Stadt war und die Fassade bis heute noch zum Teil händisch gesäubert wird?

Besondere Events

Einmal zur richtigen Zeit am richtigen Ort sein – Chicago hat einige besondere Events zu bieten, die einen Besuch wert sind. Vielleicht sind Sie ja sogar zu dieser Zeit in der Stadt und können live dabei sein. Oder wir träumen einfach gemeinsam von den Veranstaltungen, die diese Stadt zu bieten hat.

Saint Patrick´s Day

Haben Sie schon einmal einen Fluss in Grün gesehen? So richtig leuchtend grün?

Wenn nicht, dann bietet Chicago den perfekten Ort, dies einmal zu sehen, denn einmal im Jahr erstrahlt der Chicago River in grünem Glanz. Sicherlich fragen Sie sich jetzt, wovon ich eigentlich rede.

Am 17. März wird anlässlich des Saint Patrick's Day der Fluss grün gefärbt. Aber warum eigentlich grün? Grün ist die Farbe der Iren. Doch nicht nur durch die grüne Farbe im Chicago River wird der Tag gefeiert, es finden ebenfalls zahlreiche Paraden und Mottopartys in der Stadt statt.

Air and Water Show

Bei der Chicago Air and Water Show können Sie die beeindruckende Leistung der amerikanischen Zivilen und militärischen Piloten bewundern. Flugzeuge am Himmel sind mit Sicherheit nichts Besonderes mehr, doch eine richtige Show haben Sie wahrscheinlich noch nicht gesehen. Man könnte auch sagen, dass „Kunststücke" mit den Flugzeugen aufgeführt werden. Die Show ist kostenlos und findet immer im August statt.

Am besten können Sie die Show von dem North Avenue Beach bewundern.

Blues Festival

Blues-Musik ist wahrscheinlich nicht für jeden etwas. Das kann ich verstehen, denn mein Geschmack trifft es auch nicht ganz. Doch die Möglichkeit, einmal ein Festival mit vielen bekannten Blueskünstlern zu erleben, bietet sich einem wahrscheinlich auch nicht alle Tage. Bei dem dreitägigen Blues-Festival können Sie auf fünf verschiedenen Bühnen den bekannten Künstlern zuhören und gleichzeitig die besondere Atmosphäre eines Festivals erleben. Die Veranstaltung findet im Juni in dem bekannten Grant Park statt und hält jedes Jahr für alle Besucher noch Überraschungen bereit.

Lollapalooza

Bleiben wir doch einmal bei Festivals. Wenn Sie der Blues-Welt gar nichts abgewinnen können, sagt Ihnen vielleicht dieses Festival etwas mehr zu. Es trägt den Namen „Lollapalooza". Allein der Name hört sich wahrscheinlich schon lustig an und auch auf dem Festival können Sie jede Menge Spaß haben. Bekannte Künstler wie Sam Smith oder Paul McCartney treten auf einer der insgesamt acht Bühnen auf. Das Festival gilt als das Beste, welches die Gegend zu bieten hat. Großartige Restaurants der

Stadt beliefern die Gäste mit vielen Köstlichkeiten, die Sie zwischen dem Feiern und der großartigen Musik genießen können. Stattfinden tut das Festival ebenfalls im Grant Park.

Taste of Chicago

Für alle Feinschmecker und all die, die Essen genauso lieben wie ich, habe ich nun genau das Richtige. Bei dem „Taste of Chicago" können Sie sich durch das Angebot vieler Imbisswagen und der besten Restaurants der Stadt testen. Zahlreiche Gastköche haben während des Festivals ihr eigenes „Popup Lokal". Das Beste: Der Eintritt für das Festival ist frei und alle Altersgruppen sind willkommen. Zu den Köstlichkeiten werden zahlreiche Musikstile gespielt.

Falls Sie nicht nur schlendern wollen, sondern auch Gerichte und Getränke probieren möchten, können Sie sich das Taste Ticket für das jeweilige Gericht kaufen. Auch diese Veranstaltung findet im Sommer im Grant Park statt.

Weihnachtsmarkt

Doch nun genug von Festivals. Falls Sie in der Vorweihnachtszeit die Stadt besuchen möchten, schauen Sie unbedingt auf dem Christkindlemarket vorbei. Der Weihnachtsmarkt findet am Daley Plaza statt. Geboten werden einem Glühwein, Speisen aus der deutschen Küche und ein Gefühl, wie auf einem deutschen Weihnachtsmarkt, nur mit einer viel schöneren Kulisse.

Insidertipps

Immer, wenn man aus dem Urlaub zurückkommt, hat man so einige Tipps gesammelt, die man gerne an andere weitergeben würde, und bevor man in den Urlaub fährt, könnte man genau diese Tipps gut gebrauchen. Kennen Sie das?

Ich möchte Ihnen im Folgenden ein paar Insidertipps geben, die Sie für Ihren Urlaub umsetzen können, oder Sie sammeln einfach ein paar Inspirationen für andere Ziele.

EIN ETWAS ANDERER FAHRRADWEG

Wenn man am Lake Michigan steht, könnte man meinen, dass man gerade am Meer steht. Ich brauchte bei meinem Besuch in der Stadt ein paar Minuten, um zu realisieren, dass es nicht das Meer ist, sondern nur ein See.

Doch wenn Sie ein wenig den See und die Stadt erkunden möchten, lässt sich das besonders gut mit dem Fahrrad machen.

Der etwa 30 Kilometer lange Lakefront Trail führt direkt am See entlang. Doch Sie werden nicht nur den See sehen, Sie kommen außerdem an Parks, Stränden und Häfen vorbei und Ihnen wird immer wieder ein Blick auf die fantastische Skyline der Stadt geboten.

DAS CAFÉ IN DER HÖHE

Einmal ein Getränk mit fantastischem Blick über die Stadt genießen – diese Möglichkeit bekommen Sie in der „Signature Lounge" im 96. Stockwerk des John Hancock Centers. Die Auffahrt ist kostenlos. Es erwartet Sie ein 360-Grad-Blick über die Stadt, wie bereits in dem Kapitel über die Sehenswürdigkeiten erwähnt.

DIE STADT BEI NACHT

Wenn es dunkel wird, erstrahlt Chicago in einem ganz anderen Glanz. Überall glitzert es. Wenn sich die Möglichkeit ergibt, fahren Sie kurz vor Sonnenuntergang auf die Aussichtsplattform des Willis Towers hinauf. So können Sie die Stadt sowohl bei Tag als auch bei Nacht bewundern. Aus dieser Höhe wird Sie das Leuchten und Glitzern der Gebäude und der Metropole begeistern.

Wie wäre es außerdem mit einem Spaziergang in der Dämmerung durch die Stadt? Die Stadt erstrahlt in einem völlig neuen Glanz. So können Sie zum Beispiel die Magnificent Mile entlanglaufen und das Glitzern der hohen Gebäude auf sich wirken lassen.

JOHN HANCOCK CENTER

Wahrscheinlich fragen Sie sich nun, warum ich Ihnen dieses Gebäude als Insidertipp mit auf den Weg geben möchte.

Die Attraktion „Tilt" in der Besucherplattform 360 Grad zaubert Ihnen einen etwas anderen Blick über die Stadt. Für diesen Blick muss man allerdings mutig sein.

In 304 Metern Höhe befindet sich ein Glaskasten, an den Seiten sind Haltegriffe angebracht.

Während man in diesem Glaskasten steht, neigt sich dieser um 45 Grad nach vorne. Sie schweben also quasi horizontal über der Stadt und bekommen einen Blick geboten, den Sie sonst nicht bekommen würden.

Wenn Sie mutig sind und sich etwas trauen, müssen Sie das auf jeden Fall probieren.

RAINBOW CONE

So gut wie jeder mag bzw. liebt Eis. Zu jedem Urlaub gehört doch mindestens einmal Eis essen dazu, oder?

Rainbow Cone gilt als Tradition, die bis in das Jahr 1926 zurückreicht. Der Gründer Joseph Sapp eröffnete in diesem Jahr seinen Flagship-Shop.

Traditionell besteht der Rainbow Cone aus fünf verschiedenen Eissorten: Schokolade, Erdbeere, Palmer House (bestehend aus New Yorker Vanille, Kirschen und Walnüssen), Pistazien und Orangensorbet. Es stehen aber auch weitere Eissorten zur Verfügung, aus denen Sie individuell wählen können.

Zu finden ist der Laden in 9233 S. Western Avenue, Chicago, Illinois, 60643.

LOU MITCHELL´S

Einmal richtig typisch amerikanisch frühstücken gehört doch irgendwie dazu, oder? Wenn man vor dem Diner steht, sieht man nicht nur die Leuchtschrift, sondern auch das Schild, das signalisiert, dass die Route 66 hier begonnen haben soll. Wer einmal richtig amerikanisch frühstücken möchte, kommt hier voll auf seine Kosten. Auch die besondere Atmosphäre in dem Diner trägt zu einem Erlebnis bei, das man sich nicht so leicht entgehen lassen sollte.

Eröffnet wurde das Diner im Jahr 1923.

Das Diner wirbt außerdem mit dem besten Kaffee in der ganzen Stadt.

Die besten Restaurants

Chicago gilt als wahres Paradies für leckeres Essen. So finden Sie zum Beispiel unzählige Bars, Restaurants, Diners und Cafés in der Metropole. Wer nicht nur auf der Suche nach Fast Food ist, wird hier voll auf seine Kosten kommen. Denn Chicago hat nicht nur die typische Pizza, Hot Dogs oder Burger zu bieten. Ich habe Ihnen im Folgenden ein paar Inspirationen für Restaurants zusammengestellt, die natürlich alle einen Besuch wert sind. Da das natürlich fast unmöglich ist, haben Sie einfach selbst die Wahl, nach welchem Essen Ihnen gerade ist.

Eine klassische Chicago Deep Dish Pizza können Sie zum Beispiel bei Gino´s East genießen.

Falls Sie sich jetzt fragen, was eigentlich so anders an der Pizza ist: Sie ist viel kleiner als herkömmliche Pizzen, aber auch viel höher. Sie ähnelt vielleicht etwas einem Kuchen. Auch wie die Pizza belegt wird, ist etwas anders. So ist der Käse nicht oben drauf, sondern unten. Tomatensauce und sonstiger Belag sind demnach nicht unten, sondern oben. Der Teig ist zum Beispiel auch eher eine Mischung aus Blätter- und Mürbeteig und eher gelblich gefärbt durch das Maismehl.

Wenn Sie jetzt Hunger auf die typische Chicago Deep Dish Pizza bekommen haben, können Sie Standorte von Gino´s East in der ganzen Stadt verteilt finden.

Auch das Diner am Startpunkt der Route 66 habe ich Ihnen schon vorgestellt, möchte es an dieser Stelle jedoch noch einmal aufgreifen. Bei Lou Mitchell´s können Sie das typische amerikanische Essen genießen. Doch das Beste ist vielmehr die Atmosphäre, denn diese ist noch wirklich richtig typisch für ein amerikanisches Diner.

Auch die typischen Chicago Hot Dogs sollte man einmal probiert haben, wenn man da ist. Einen Hot Dog mit besonderer Sicht können Sie am Navy Pier in einem Biergarten genießen und dabei auf die wunderschöne Skyline der Stadt und den riesigen Lake Michigan blicken. Auf so einen typischen Hot Dog kommen weiße Zwiebelwürfel, Tomatenstückchen, Gewürzgurken, Senf sowie eingelegtes Gemüse. Anders als man vielleicht denkt, gehört kein Ketchup auf den Hot Dog. Dafür ist das Brötchen mit Mohn bestreut und das Würstchen aus Rindfleisch.

So können Sie sich bei perfekter Aussicht und super leckerem Hot Dog stärken, damit Sie weiterhin bereit für alle kommenden Aktivitäten sind.

Sehr gute Hot Dogs finden Sie zum Beispiel außerdem bei „Portillo's Hot Dogs".

Und hier finden Sie das Restaurant: 100 W Ontario St, Chicago, Illinois, 60654- 3710.

Falls Ihnen nach Burgern zumute ist oder Sie auf die typisch amerikanischen Burger nicht verzichten möchten, können Sie diese zum Beispiel bei „Au Cheval" genießen.

Auch bekannte Personen, wie zum Beispiel

LeBron James, ein bekannter Basketball-Spieler, welcher seit der Saison 2018/19 bei den Los Angeles Lakers spielt, hat hier schon gegessen.

Das Restaurant finden Sie hier: 800 W Randolph St, Chicago, Illinois, 60607-2308.

Sehr leckere Burger finden Sie ebenfalls bei „Burger Bar Chicago South Loop".

Dieses Restaurant finden Sie hier: 1150 Michigan Avenue, Chicago, Illinois, 60605-2301.

Wer keine Lust auf Burger, Hot Dogs oder Pizza hat, für den ist vielleicht das „Imperial Lamian" genau das Richtige.

Bekannt ist das Restaurant für seine Nudeln, welche täglich frisch hergestellt werden. Wenn Ihnen also nach chinesischer Küche ist, kann ich Ihnen dieses Restaurant nur empfehlen.

Hier finden Sie alles von Ente bis hin zu Gruyère.

Sie finden das Restaurant hier: 6 W Hubbard St, Chicago, Illinois, 60654.

Ich hoffe, dass ich Ihnen mit dieser kleinen Auswahl an Restaurants Inspirationen für ein mögliches Essen in der Stadt geben konnte.

Übernachtungs-möglichkeiten

Falls Sie noch nach Inspirationen für mögliche Hotels suchen, kann Ihnen diese Liste vielleicht etwas weiterhelfen.

Von zentralen Hotels in Downtown bis zu Hotels, die in einem Vorort der Stadt liegen, ist für jeden Geschmack das passende Hotel dabei.

Beginnen möchte ich mit einem Hotel, das in einem Vorort von Chicago liegt.

Das Hilton Chicago Indian Lakes Resort liegt in dem Vorort Roselle.

Von dem Hotel bis in die Innenstadt brauchen Sie mit der Metro nicht lange.

Die Lage ist ruhiger und vor allem für Familien mit Kindern ist das Hotel perfekt geeignet.

Das Godfrey Hotel befindet sich ungefähr 800 Meter vom John Hancock Center entfernt.

In ein paar Minuten erreichen Sie alle Sehenswürdigkeiten der Stadt.

Das Hotel liegt am Lake Michigan und nahe des Navy Piers.

Architektonisch hat dieses Hotel ebenfalls etwas zu bieten. Das Hotel wurde 2013 erbaut.

Das Hotel the Whitehall befindet sich im Herzen der Stadt und Sie erreichen alle Sehenswürdigkeiten in ein paar Minuten, wie zum Beispiel die Magnificent Mile.Eröffnet wurde das Hotel 1928.

Von dem Embassy Suites Hotel by Chicago erreichen Sie die zahlreichen Sehenswürdigkeiten innerhalb von wenigen Minuten zu Fuß.

Direkt gegenüber des Millennium Parks und an der Michigan Avenue befindet sich das Hotel Congress Plaza. Von dem Zimmer aus haben Sie einen fantastischen Blick auf den Grant Park. Innerhalb von sieben Gehminuten erreichen Sie zum Beispiel das Art Institute of Chicago.

Erbaut wurde das Hotel im Jahr 1893.

An- und Einreise

Falls Sie bereits Ihren Urlaub in den Vereinigten Staaten von Amerika planen und dies der erste Aufenthalt für Sie ist, habe ich Ihnen kurz zusammengefasst, was eigentlich dieses ESTA ist und wie man es beantragt. Falls Ihnen die Einreise in die USA etwas Angst bereitet oder Sie nicht ganz genau wissen, was dort auf Sie zukommen könnte, habe ich versucht, Ihnen den Ablauf etwas darzustellen. Am Ende sind noch ein paar Tipps aufgelistet, wie Sie vom Flughafen aus am besten und günstigsten Ihre Unterkunft erreichen können.

WAS IST ESTA?

ESTA steht für Electronic System for Travel Authorization und ist ein automatisiertes System zur elektronischen Erteilung von Reisebewilligungen für die Einreise in die USA. So kann überprüft werden, ob Besucher aus den Ländern kommen, die zur visumfreien Einreise berechtigt sind. Deutschland zählt zum Beispiel dazu. ESTA dient dazu, potenziell gefährliche Menschen nicht in das Land einreisen zu lassen.

Beantragen können Sie Ihr ESTA bis zu 72 Stunden vor Abflug.

Sollten Sie auch eher ein vergesslicher Typ sein, so wie ich, empfehle ich Ihnen, dies einfach schon so früh wie möglich zu erledigen. So vermeiden Sie, dass Sie es zwischen dem Packen und der Reisevorbereitung vergessen. Außerdem kann es passieren, dass etwas schiefläuft und der Prozess doch länger als 72 Stunden dauert.

Außerdem sollten Sie einen gültigen elektronischen Reisepass besitzen, sollte dieser noch nicht vorhanden sein, bedenken Sie, diesen rechtzeitig zu beantragen!

Bitte bedenken Sie auch, dass für längere

Aufenthalte ein Visum beantragt werden muss, ebenso, wenn Sie planen, dort zu arbeiten.

Ich habe eben von dem Beantragen von ESTA gesprochen und vielleicht fragen Sie sich nun, wo Sie dies am besten machen können und welche Kosten dort auf Sie zukommen werden.

ESTA können Sie ganz bequem von Zuhause aus auf der offiziellen Seite beantragen. Die Kosten pro Person belaufen sich auf 14 Dollar, welche Sie ganz entspannt per Kreditkarte bezahlen können. Ebenso erweist sich auch die Kreditkarte für den Aufenthalt in den Vereinigten Staaten von Amerika als sinnvoll, da Sie so nicht so viel Geld tauschen müssen und sich eigentlich alles per Kreditkarte bezahlen lässt.

Am besten drucken Sie Ihre ESTA-Bestätigung im Voraus schon aus, so können Sie diese bereits während Ihres Fluges mit sich führen und haben die Sicherheit, sie dabei zu haben, falls sie doch gebraucht wird.

Es soll jedoch an dieser Stelle gesagt sein, dass ESTA keine Garantie für die Einreise in die Vereinigten Staaten von Amerika darstellt.

ANKUNFT AM FLUGHAFEN

Stellen Sie sich vor, dass Sie bereits im Flugzeug sitzen, auf dem Weg nach Amerika. Sie waren noch nie dort und wissen nicht, was Sie erwarten wird, freuen sich aber auf die Abenteuer, die Sie dort erleben werden. Falls Sie sich demnächst in genau dieser Situation befinden und nicht wissen, was bei der Einreise auf Sie zukommt, habe ich versucht, Ihnen dieses Prozedere etwas genauer zu beschreiben.

Stellen Sie sich auf etwas längere Wartezeiten bei der Einreise ein, gerade dann, wenn zu dem Zeitpunkt mehrere Flieger gelandet sind und alle einreisen möchten.

Bitte beachten Sie ebenfalls, dass Mobiltelefone bei der Einreise gar nicht gern gesehen sind. Lassen Sie dieses am besten in Ihrer Tasche und sorgen Sie dafür, dass es nicht anfängt, zu klingeln.

Der Grenzbeamte wird Ihnen einige Fragen stellen, zum Beispiel, was der Grund für Ihre Reise ist. Seien Sie unbesorgt, das ist reine Routine. Versuchen Sie, Ruhe zu bewahren, denn es will Ihnen schließlich niemand etwas Böses. Bleiben Sie dennoch ausschließlich bei der Wahrheit.

Sie werden ebenfalls Ihre Fingerabdrücke

abgeben müssen. Die Länge des Gespräches mit dem Grenzbeamten kann variieren, manche sind schneller durch und andere brauchen etwas länger.

Nun haben Sie auch endlich Ihren Koffer und fragen sich vielleicht, wie Sie denn am schnellsten ins Hotel oder in die Innenstadt kommen sollen.

VOM FLUGHAFEN INS HOTEL

Falls es nicht unbedingt notwendig ist, versuchen Sie, auf ein Taxi zu verzichten.

Die Schnellzüge sind deutlich günstiger. Sie finden diese ab Terminal 3 des Chicago O´Hare International Airports.

Falls Sie sich ein Auto gemietet haben, fahren Shuttlebusse direkt zum Autoverleih.

Mit dem Auto können Sie den John F. Kennedy Expressway (I-90) wählen, so gelangen Sie auf dem schnellsten Weg in die Innenstadt. Die Mitarbeiter des Autoverleihs werden Ihnen bei Routenfragen sowie Fragen zum Fahrzeug selbstverständlich gerne weiterhelfen.

Ich hoffe, ich konnte Ihnen den Ablauf der Einreise etwas näherbringen, falls Sie noch nie in dem

Land gewesen sind. Ich hoffe, Sie können so ein wenig entspannter Ihren Flug genießen.

Schlusswort

Ich hoffe, dass Ihnen die kleine imaginäre Reise durch die Windy City gefallen hat und Sie nützliche Tipps mitnehmen konnten, die Sie vielleicht sogar umsetzen möchten.

Außerdem hoffe ich, dass ich Ihnen die Geschichte des Landes und somit auch der Stadt Chicago sowie meine Erfahrungen etwas näherbringen konnte und dass vielleicht sogar die Begeisterung für die Stadt auf Sie übergesprungen ist.

Sollten Sie bereits eine Reise in die Stadt geplant haben, so wünsche ich Ihnen einen wunderschönen Aufenthalt mit vielen Erfahrungen.

Ich hoffe, dass Ihnen der Reiseführer der etwas anderen Art gefallen hat!

Herstellung und Verlag:

BoD – Books on Demand, Norderstedt

ISBN: 9783751980548

1. Auflage

Kontakt: Psiana eCom UG/ Berumer Str. 44/ 26844 Jemgum

Covergestaltung: Fenna Larsson

Coverfoto: depositphotos.com